CONSIDÉRATIONS SÉRIEUSES

A PROPOS DE DIVERSES PUBLICATIONS RÉCENTES

SUR

LA BIBLIOTHÈQUE ROYALE,

SUIVIES

DU SEUL PLAN POSSIBLE

Pour en faire le Catalogue en trois ans,

Par J. Techener.

PRIX : 1 FR.

PARIS,

AU BUREAU DU *BULLETIN DU BIBLIOPHILE.*

PLACE DU LOUVRE, 12.

1847.

CONSIDÉRATIONS SÉRIEUSES

A PROPOS DE DIVERSES PUBLICATIONS RÉCENTES

SUR LA BIBLIOTHÈQUE DU ROI,

SUIVIES

DU SEUL PLAN POSSIBLE

POUR EN FAIRE LE CATALOGUE.

EN TROIS ANS.

Divers écrits ont été, en ces derniers temps, publiés au sujet de la rédaction du catalogue de la Bibliothèque royale : voici les titres de ces différentes notices :

I. Note publiée en 1839, par M. Dunoyer, administrateur général, démissionnaire le 29 juin. Nouvelle édition enrichie de quelques pièces justificatives... *Paris*, 1847, grand in-8° (47 pages. Datée du mois d'avril 1847). — II. État actuel des catalogues des manuscrits de la Bibliothèque royale (1er mars 1847), par M. Champollion-Figeac. *Paris, F. Didot,* in-8° (27 pages). — III. Bibliothèque royale. Observations sur les catalogues de la collection des estampes, par Duchesne aîné, conservateur. Mars 1847. *Paris, impr. de Gab. Jousset,* in 8° (8 pages). — IV. De la Bibliothèque royale et de la nécessité de commencer, achever et publier le catalogue général des livres imprimés, par M. Paulin-Paris, membre de l'Institut, conservateur adjoint du département des manuscrits de la Bibliothèque royale. *Paris,* 1847, in-8° (58 pages) — Préface datée du 10 avril 1847). — V. Lettre à M. P.-Paris sur le projet de mettre en direction la Bibliothèque royale, en réponse au chap. XVIII du rapport de M. Allard, membre de la Chambre des députés, sur les crédits supplémentaires, par M. Raoul-Rochette, un des conservateurs administrateurs de la Bibliothèque royale. *Paris,* 1847, in-8° (24 pages). — Datée du 30 avril 1847). — VI. Rapport à Son Excellence M. le comte de Salvandy, ministre de l'instruction publique, sur l'organisation du personnel, la reconstruction du monument et la rédaction du catalogue de la Bibliothèque royale, par J. Pautet du Rozier, bibliothécaire. (*Beaune, imp. de Blondeau de Jussieu*), mars, 1847. (15 pages et 1 plan). — VII. Note sur le classement des imprimés, la rédaction et la publication du catalogue général de la Bibliothèque royale (par M. Gonod, bibliothécaire de Clermont-Ferrand).|*Paris, Porquet*, 1847, in-8º (19 pages. — La préface est datée d'avril 1847.)—VIII. Recherches sur les principes fondamentaux de la classification bibliographique, précédées de quelques mots sur la bibliographie, d'un exposé des principaux systèmes bibliographiques, et suivies d'une application de ces principes au classement des livres de la Bibliothèque royale, par J. M. Albert. *Paris, l'auteur*, 1847, in-8º (63 pages). — IX. Réflexions impartiales sur le catalogue des livres imprimés de la Bibliothèque du Roi, par R. Merlin. *Paris*, 1847, *Juin*, brochure in-8º.

Nous avons analysé, étudié et comparé ces différents écrits sur la question du Catalogue de la Bibliothèque Royale, et aucun d'eux ne nous a paru la résoudre. En effet, la première brochure que nous citons n'est guère que la réimpression d'une opinion déjà bien connue de M. Dunoyer : l'auteur se borne à une discussion qui a pour but d'arriver à une conclusion d'unité et à conserver M. Naudet pour directeur SUPÉRIEUR.

Le travail de M. Champollion-Figeac est uniquement relatif au département des manuscrits, et ici la question du catalogue n'est pas mise en doute.

M. Duchesne nous présente un aperçu historique, bien clair, du cabinet des estampes...

M. Paulin-Paris, après une assez longue analyse et des détails très intéressants sur l'histoire des livres et de la Bibliothèque, aborde franchement la question du catalogue. Dans la conviction où M. Paris se trouvoit de la nécessité de laisser la Bibliothèque constamment ouverte au public, il a présenté un moyen de terminer le catalogue dont l'exécution est possible, à la rigueur ; il a senti la nécessité d'agir seulement sur un cinquième de la collection ; mais, tout en rendant justice à la lucidité des vues de M. Paris, nous demeurons convaincu que pour faire un travail digne de la France, pour ériger un monument glorieux pour elle, il faut se résoudre à fermer la Bibliothèque durant quelques années. Qu'est-ce que deux ou trois ans d'interruption dans les travaux scientifiques, à côté des immenses avantages que présenteroient les résultats d'une excellente classification ? Voici donc quel seroit le plan que nous proposons.

Changera-t-on, ou ne changera-t-on pas de système bibliographique ? Pour nous, la question est depuis longtemps résolue. Si l'on nous demandoit : Changera-t-on ou ne changera-t-on pas l'ordre alphabétique, c'est-à-dire au lieu de commencer par l'A, commencera-t-on par l'O ? nous repondrions : Il faut laisser l'alphabet comme il est ; et cet avis, nous le pensons, seroit celui de beaucoup d'autres.

Qu'y a t-il donc à gagner pour la science littéraire, pour la science bibliographique, à ce que la théologie passe avant ou après la philosophie !.... Pourquoi diviser la mythologie en deux ?.... On peut, dans certains cas, sans doute, introduire des améliorations, il est convenable de modifier quelques-unes des subdivisions ; mais ce que l'on veut tout d'abord dans un catalogue bien fait, c'est d'y trouver aussi vite que possible ce que l'on y cherche ; ces changements sans cesse renaissants, ces nouvelles divisions arbitraires sont contraires à ce but en ce qu'elles placent les ouvrages loin du lieu où l'on s'est habitué à les aller chercher ; et, sans nous étendre plus au long pour le prouver, nous nous en tiendrons tout d'abord à l'excellent SYSTÈME *adopté par* M. BRUNET *dans son Manuel,* et nous nous servirons de ses arguments pour le soutenir : « Nous dirons comme lui qu'après l'avoir adopté par déférence, nous le conservons aujourd'hui par conviction, non-seulement parce qu'il est plus généralement connu que tous les autres, ce qui seroit déjà un immense avantage à nos yeux, mais surtout parce qu'il s'adapte avec facilité à la nature des livres que renferment le plus ordinairement les bibliothèques ». Nous ajouterons en insistant que nous considérons comme le meilleur système celui qui, par sa simplicité, permet à l'esprit d'embrasser tout-à-coup, et sans chercher ce qui l'intéresse, et nous pensons que la bibliographie a déjà bien assez de difficultés réelles et qu'on doit éviter de lui en créer de nouvelles en la chargeant de mots plus ou moins scientifiques.

Les cinq divisions adoptées par le savant M. Brunet, avec quelques modifications et les subdivions que l'on peut y introduire, seroient pour nous le modèle que nous choisirions pour entreprendre le catalogue de la Bibliothèque royale....! Que faut-il avant toute chose? une bibliographie parlante et claire pour tout le monde.

Sans adopter complètement ce qui a déjà été fait à la Bibliothèque royale, nous dirons qu'une grande partie de ces travaux est convenable. Les rangements opérés, l'ordre mis dans les collections, le triage des doubles, la réunion des fonds, la mise en ordre des collections périodiques, tout cela, travail immense et ingrat qui touche à sa fin, a droit à des éloges mérités. On peut au moins à cette heure cataloguer, et cataloguer mieux et plus vite. Mais nous demanderons maintenant si l'on continuera le même système de cartes. Nous voyons avec peine que la marche adoptée conduit à des travaux sans fin. On arrivera, nous le savons, à obtenir 700,000 cartes bien serrées dans les boîtes ; mais il faudra ensuite les classer méthodiquement. Ces 700,000 cartes classées, on songera à les imprimer ; mais elles ne seront pas suffisamment préparées pour l'impression ; il faudra qu'elles soient soigneusement revues de nouveau (1) sur le titre de chaque volume, soulignées, abrégées et rendues uniformes; et, si elles ne donnent pas assez de détails sur certaines conditions, sur certains exemplaires, chose intéressante cependant, nous dirons même indispensable pour un catalogue aussi important et si curieux en ces matières, il faudra bien faire ces additions!...

Enfin, en admettant que ces 700,000 cartes soient prêtes à l'instant, qui va les classer? Est-ce une personne seule, en chargera-t-on deux ou trois, ou bien formera-t-on une commission? Il est positif qu'un catalogue ainsi imprimé sur les cartes telles quelles existent aujourd'hui ne seroit même pas un catalogue passable! Cependant ce ne sont pas ici les éléments qui font défaut; jamais un catalogue n'a été appelé à présenter un cadre aussi monumental et aussi grandiose que peut l'être celui de la *Bibliothèque nationale!*

PLAN.

Fermer la bibliothèque provisoirement, tout en conservant néanmoins dans une des salles du rez-de-chaussée un bureau administratif ayant sous ses ordres un certain nombre d'employés qui seroient chargés du courant; car, pendant tout le travail du catalogue, si on l'entreprenoit d'après notre système, l'ordre ancien de la bibliothèque resteroit le même, et pourroit être conservé momentanément sans danger, notre travail ne dérangeant en rien le service. Plus tard, on arriveroit, au fur et à mesure, à faire des changements. Les divers

----

(1). Voir le Plan, § 3.

employés inutiles à ce bureau seroient occupés à la confection du catalogue.

PREMIÈRE OPÉRATION.

Il faudrait :

1° Faire numéroter de nouveau toutes les tablettes de la bibliothèque, de 1 (un), à la fin, 30,000 peut-être. On pourroit adopter, pour faciliter ce numérotage, un chiffrage particulier, comme I. C. (un cent), ou C., CC., CCC. (un cent, deux cents, trois cents), M., MM. (un mille, deux mille), et ainsi de suite ; ou tout autre signe abréviatif d'un emploi prompt et facile. Ces tablettes seroient numérotées par des employés dressés à cet effet, lesquels mettroient immédiatement sur chaque ouvrage, et en dedans du volume, les numéros de chaque tablette.

2° Prendre immédiatement la quantité de personnes nécessaires pour les classer et les attacher à chacune des divisions *(nous supposons que toute la bibliothèque est numérotée)*, de un jusqu'à la fin.

Ces divisions seroient, selon nous : 1° A. Théologie. 2° B. Jurisprudence. 3° C. Sciences et Arts. 4° D. Belles-Lettres. 5° E. Histoire. Chaque employé principal auroit sous ses ordres un ou deux employés par chaque division. Il faudroit aussi des faiseurs de cartes et des vérificateurs de cartes ; les numéroteurs et les porteurs seraient des hommes de service chargés uniquement de porter et reporter les livres, porter et reporter les cartes, ainsi que l'explique le paragraphe suivant.

3° Nous admettons donc que tout le monde est à la besogne,

attaquant les cinq facultés à la fois en disposant tout sous le même plan. D'abord des employés ont à copier les cartes qui leur sont présentées par des hommes de service, sur de grandes tables disposées dans les diverses pièces où chaque personne travaillera. Les cartes resteront dans les volumes pour être soumises à l'analyse du *vérificateur de cartes,* qui répétera sur la carte le numérotage du volume correspondant à la tablette; ainsi : tablette $\left(\genfrac{}{}{0pt}{}{\text{une}}{1}\right)$, volume $\left(\genfrac{}{}{0pt}{}{\text{un}}{1}\right)$, carte $\left(\genfrac{}{}{0pt}{}{\text{une}}{1}\right)$, etc. Chaque carte sera scrupuleusement revue sur le titre du livre même. En soulignant ce que le faiseur de cartes aura pu négliger, le *vérificateur* signalera les particularités des exemplaires, comme reliure, armoiries, les notes manuscrites autographes ou curieuses qui pourront s'y trouver, les bibliothèques célèbres d'où provient tel ou tel exemplaire (1). Pour les recherches et les classements difficiles, on seroit aidé du DIRECTEUR GÉNÉRAL DU CATALOGUE. Les vérificateurs, comme on le pense bien, devront être choisis parmi les bibliographes déjà exercés. Tout cela qui peut n'être rien, ou du moins fort peu de chose aux yeux de quelques personnes, seroit intéressant au plus haut degré pour un grand nombre de lecteurs, et faciliteroit en même temps la recherche de l'ouvrage par telle ou telle reliure.

4° Il y aurait donc eu préliminairement cinq grands casiers préparés d'avance, correspondant aux cinq grandes divisions et tous disposés en ordre avec *leurs subdivisions.* Ces subdivisions adoptées et étiquetées, on mobiliseroit ces casiers, que l'on pourrait au besoin étendre et resserrer à volonté.

---

(1) Nous parlons des bibliothèques De de Thou, du comte de Hoym, de Colbert, de Longepierre, de Lavallière, etc.

Il faudroit attacher à chacun de ces casiers un employé spécial, qui se tiendroit devant, et qui s'appelleroit casier A, Théologie ; casier B, Jurisprudence ; casier C, Sciences et Arts (1), etc.

Sur une table préparée devant ces casiers, les hommes de service apporteroient les cartes faites dans chacune des divisions : ces cartes seroient remises aux classeurs et placées dans la division principale par un employé, et dans sa subdivision par un second employé. Deux employés nous semble devoir être attachés à chaque casier et occupés exclusivement à classer. Chaque casier marcheroit ainsi en même temps, se remplissant de cartes *numérotées, vérifiées et annotées*. Il faudroit aussi deux vérificateurs-annotateurs préposés aux salles des levées de cartes. Ces vérificateurs-annotateurs seroient attachés au Bureau consultatif qui renfermeroit tous les ouvrages utiles ou indispensables de bibliographie.

Il faudrait donc, pour chaque division, deux hommes de service pour prendre les livres sur les tablettes (le numérotage achevé) et les remettre ; pour chaque division, en outre huit faiseurs de cartes et deux vérificateurs ; et enfin un homme de service qui porterait les cartes faites auprès des casiers de rangement où se trouveroient les classeurs bibliographés de chaque division, au nombre de deux par chacune des classes.

Ce personnel pourroit être pris parmi les employés actuels

---

(1). Cette partie seroit partagée en plusieurs subdivisions, qui seroient C. *bis* et C. *ter ;* car les beaux-arts demandent un employé spécial, l'histoire naturelle et la médecine aussi. Nous avons sous les yeux un volume du catalogue de la Bibliothèque de l'université de la ville de Liège, comprenant la *médecine*, et qui à elle seule contient 766 divisions. Nous pensons que cela est trop... .

de la Bibliothèque; une partie n'ayant pas momentanément
de service à faire ; les autres employés seroient appelés du
dehors.

5° Maintenant, nous supposons toutes les cartes levées, numérotées et classées, avec les numéros correspondants seulement aux tablettes : ces cartes ne pourroient servir que pour
la bibliothèque.... Il faudroit encore, au moment de l'impression, en commençant par la théologie (définitivement classée
comme le reste), numéroter en rouge toutes les cartes depuis
un jusqu'à la fin. Ce numérotage seroit suivi à l'impression
sans subir aucun changement jusqu'à la dernière carte qui
pourroit être numérotée 700,000, Des signes abréviatifs de-
vroient faciliter ce numérotage. Une fois qu'il seroit achevé,
on commenceroit à imprimer chaque division à la fois, si bien
que les mêmes employés corrigeroient les épreuves du catalogue qu'ils auroient déjà classées ; cela se feroit très vite et
bien alors ; car, occupés déjà pendant deux ou trois ans à la
rédaction, à la classification, à la vérification de ces mêmes
travaux, ils seroient à la fois fort exercés et nécessairement
très au courant du travail.

DES TRAVAUX FAITS ET DES MOYENS DE LES UTILISER.

6° Pour se servir des cartes qui sont faites maintenant et
classées en partie, il faudroit les faire replacer dans chaque
ouvrage. Par là, ils subiroient la même opération que les
autres, c'est-à-dire qu'au numérotage des tablettes et à la
classification, ou au chiffrage même et à la vérification des
titres, ils seroient disposées uniformément pour l'impression
comme le reste, et prendroient place simplement parmi les
autres.

7° Lors de la correction des épreuves, les secondes épreuves seroient toujours données TRIPLES, on auroit soin de marquer deux de ces épreuves du numéro indiquant la tablette, lesquelles seroient conservées et réunies en volume; on formeroit par là des catalogues numérotés dont les indications correspondroient invariablement aux tablettes. Ceci est très-important, et voici pourquoi : c'est que le numérotage fini, les cartes qui auroient servi à l'impression. en revenant de chez l'imprimeur seroient disposées par ordre alphabétique de noms d'auteurs, préparés et abrégés, et formeroient ainsi une table alphabétique très-utile. En répétant sur les épreuves données en triple le chiffrage correspondant aux tablettes, comme nous l'avons déjà dit précédemment, on auroit le numérotage des tablettes. Ces mêmes cartes seroient rangées de nouveau par ordre alphabétique d'ouvrages anonymes, et toujours numérotées à chaque épreuve en triple. Le résultat de tout ceci seroit, à la fin, qu'en cherchant un livre au nom de son auteur, à sa lettre alphabétique et à son arrangement méthodique, on trouveroit toujours le numéro de sa tablette en face de l'article ou à côté, dans les catalogues préparés pour l'usage de la Bibliothèque royale, catalogue dont on pourroit multiplier les copies suivant les besoins du service.

EXEMPLE.

18. — Ciceronis Opera. (48705.)

<table>
<tr><td>Ce numéro de la tablette seroit mis à la main.</td><td>Numéro de la division méthodique; il seroit imprimé et renverroit à sa classe méthodique.</td></tr>
</table>

Voilà de minutieux détails que nous avons cherchés à rendre aussi clairs et simples que possible, et que comprendront facilement les personnes déjà un peu au courant de ces matières : on auroit par là, en même temps, et le catalogue de service et les catalogues imprimés qui, étant mis en vente, rembourseroient une grande partie de la dépense ; un catalogue enfin fait et décrit sur les *livres mêmes*, avantage que n'ont pas eu les bibliographes en général, qui souvent ont dû prendre leurs titres sur de simples copies de titres souvent fort inexactes.

Ne seroit-il pas à regretter à tout jamais que, faute de s'y être *bien pris*, il fallut encore recourir à un nouvel essai ? Et si ce nouveau système, une fois essayé, n'étoit pas meilleur que celui qu'on auroit dû délaisser, que feroit-on ?... Nous le répétons, ce catalogue est immense ; c'est, sans contredit, le plus imposant monument bibliographique que l'on puisse élever, et les ressources sont uniques pour le faire. Pour Dieu ! montrez que vous êtes des ouvriers dignes d'aussi bons matériaux !...

Le plan à adopter, nous l'avons dit quelque part, est le plus économique, et il est le seul praticable pour arriver à un résultat immense ; EN RÉSUMÉ, nous pensons donc qu'il faut :

1° Fermer la Bibliothèque.

2° Numéroter les tablettes (soit 26,750 tablettes).

3° Placer au crayon ou à la plume, sur la garde intérieure de chaque volume, le numéro d'ordre de la tablette qui le porte, (soit T 20,780).

4° Avoir un bureau composé de cinq sections : chaque section serait servie

1° Par *huit faiseurs de cartes*, soit 40 employés.

2° Par deux vérificateurs, soit 10 vérificateurs.

3° Par deux hommes de service pour porter et reporter les livres, soit 10 garçons.

4° Par un garçon pour porter les cartes du bureau de rédaction au bureau de rangement, soit 5 garçons.

5° Par deux classificateurs, soit 10 classificateurs.

Total, 75 employés.

Cinquièmement. Le bureau procéderoit ainsi : 1° Les garçons employés au transport des livres porteroient les volumes de chaque tablette au bureau de rédaction des cartes, et quand les cartes seroient faites et vérifiées, ils reporteroient les livres où ils les auroient pris.

Deuxièmement. Les faiseurs de cartes transcriroient le titre des livres en ayant les livres même sous les yeux.

Au fur et à mesure, ils passeroient aux deux vérificateurs les cartes faites et les volumes inscrits; ceux-ci constateroient l'exactitude de la carte.

Troisièmement. Pendant que les livres seroient reportés par le *garçon des livres*, le *garçon des cartes* porteroit les cartes faites et vérifiées au bureau des classificateurs ; ceux-ci les distribue-roient dans leurs casiers systématiques.

Une fois toutes les tablettes dépouillées, tous les volumes *cartographiés*, toutes les cartes révisées et distribuées dans la catégorie qui leur appartient, le catalogue seroit fait.

Sixièmement. Alors on imprimeroit, après avoir numéroté toutes les cartes, jusqu'à la fin du numérotage bibliographique, de *un* à la fin de ces cartes.

Septièmement. On laisseroit aux Bibliothécaires, correcteurs d'épreuves, le soin d'écrire à la marge le numéro d'ordre des tablettes auxquelles se rapporteroit chacun des livres.

Ce système nous semble d'une exécution facile : avons-nous réussi à l'expliquer d'une manière lucide? nous l'espérons.

FIN.

Paris. — Imprimerie de Wittersheim, 8, rue Montmorency.